La más
EXTRAORDINARIA
HISTORIA
jamás contada

SUGEL MICHELÉN

Ilustraciones de Enrique Campdepadros

B&H
NIÑOS

A nuestros amados nietos:
Mia, Marco, Maia, Zoie y el pequeño que está por llegar.

He escrito este libro para que muchos niños como ustedes
conozcan la maravillosa historia de salvación que se revela
en la Biblia, la Palabra de Dios. Nuestra oración es que, al
igual que sus padres y sus abuelos, ustedes también puedan
gustar y ver que es bueno el Señor, y que es dichoso todo
aquel que en Él confía (Salmos 34:8).

Con mucho amor.

Su abuelo

Una nota a los padres:

A menudo, la Biblia se enseña a los niños como un conjunto de relatos desconectados entre sí, de los cuales se extraen algunas conclusiones morales. Pero no fue con ese propósito que Dios inspiró Su Palabra. Hay una gran historia de redención que corre a lo largo de todas sus páginas, desde Génesis hasta Apocalipsis, y cuyo centro es la persona y la obra de nuestro Señor Jesucristo.

Es esa historia redentora la que deseamos presentar en esta pequeña obra: una historia de amor, de aventuras y de heroísmo. Su protagonista es el Dios de la promesa que lleva a cabo lo que se propone, a pesar de nuestros fracasos.

Este libro se escribió con el fin de ayudar a los padres que desean instruir a sus hijos en el temor del Señor, para que puedan presentarles el evangelio de manera apropiada para sus mentes tiernas. Además, su propósito es que los jóvenes lectores comprendan el evangelio, se familiaricen con la preciosa unidad de la Escritura y con las grandes doctrinas que Dios nos revela en ella. Como verán, hemos incluido al final los textos de la Biblia a los que hacemos referencia en el relato, como una herramienta para aquellos padres que deseen profundizar junto a sus hijos en algunas de las partes del libro, pero sin restarle fluidez a la lectura. Mi oración es que el Espíritu Santo ilumine sus corazones para el «conocimiento de la gloria de Dios en la faz de Jesucristo» (2 Corintios 4:6).

En el principio…

Hace mucho, mucho tiempo, cuando aún no existían los años ni los días, las horas o los minutos —a decir verdad, cuando solo existía Dios—, Él decidió crear todas las cosas según un plan que tenía en Su mente desde la eternidad. Dios quería compartir con Sus criaturas la felicidad y la alegría de conocer Su sabiduría, Su poder, Su amor y todas las otras características que hacen de Dios el ser más grandioso y maravilloso que existe.[1]

Yo sé que lo que voy a decirte es difícil de entender, pero Dios siempre ha sido feliz teniendo comunión con Él mismo.[2] Aunque existe un solo Dios, ese Dios no es una sola persona, sino tres: el Padre, el Hijo y el Espíritu Santo, las tres personas de la Trinidad o el Dios trino.[3]

Entonces, el Dios trino no nos creó porque se sintiera solo o porque le faltara algo, sino porque nos amó antes de que naciéramos; y por causa de Su amor, quiso darnos Su mayor regalo: la bendición y el gozo de conocerlo, admirarlo y ser amigos de Él.[4]

Y fue así como todo empezó.

En pocos días, y con el poder de Su Palabra,[5] Dios creó todas las cosas. Con solo decir: «¡Que haya luz!», la luz fue hecha.[6] Así de poderoso es Dios. Él hizo las estrellas, los planetas, las plantas, los animales, las montañas, los ríos y los océanos, y muchas cosas más. Incluso creó unas criaturas que no podemos ver, a las cuales llamó ángeles, que le adoran y le sirven todo el tiempo.[7]

Luego de que todas esas cosas fueron hechas, al sexto día, Dios hizo al hombre, la criatura más especial de la Tierra, porque era el único ser creado a Su imagen y semejanza.[8] Así como te pareces a tus padres, pero también eres diferente a ellos, el hombre fue creado para parecerse a Dios, aunque en muchos aspectos, Él es maravillosamente único. Los seres humanos podemos pensar y sentir, podemos tomar decisiones racionales, así como saber lo que está bien y lo que está mal. Los animales no tienen esas capacidades, ¡y las plantas, mucho menos!

El primer hombre se llamó Adán, y la primera mujer Eva.[9] Ellos fueron el primer matrimonio que hubo en la Tierra, y a ambos los colocó Dios en un jardín llamado Edén, lleno de árboles hermosos y frutas deliciosas,[10] para que lo cuidaran y lo cultivaran en Su nombre.[11] Adán y Eva debían tener hijos, que a su vez tendrían más hijos, hasta que la Tierra fuera llena de seres humanos que, al igual que sus padres, reflejarían perfectamente el maravilloso carácter de nuestro Dios. En el jardín del Edén, Adán y Eva tenían todo lo que pudieran necesitar y eran absolutamente felices en comunión con Dios.[12]

En medio del jardín, Dios puso «el árbol de la ciencia del bien y del mal»,[13] del que Adán y Eva no debían comer. Ese mandamiento fue la prueba que Dios les puso para que mostraran si estaban dispuestos a obedecerle en todo y a preferirlo por encima de todas las cosas.

Si obedecían a Dios y no comían de ese árbol, vivirían para siempre en completa felicidad, disfrutando de la comunión con Dios y trabajando para extender el jardín del Edén hasta llenar toda la Tierra. Pero, si desobedecían, las consecuencias serían terribles: en vez de amar a Dios y desear obedecerle, siempre sentirían deseos de hacer lo malo y de mantenerse lo más alejados posible de Dios, sus cuerpos comenzarían a debilitarse hasta morir y ya no podrían vivir en ese hermoso jardín. La felicidad de Adán y Eva dependía de que siguieran confiando en Dios y obedeciéndole. Pero algo muy triste sucedió...

La desobediencia y la rebeldía de Adán y Eva

Había un ángel llamado Satanás que al principio era bueno y hermoso, como todo lo que hace Dios. Su alegría consistía en mostrar lo bueno y maravilloso que es Dios. Pero en algún momento, Satanás se llenó de orgullo y se volvió un ángel muy, muy malo.[14] Y, como ahora es enemigo de Dios, nos odia también a nosotros por haber sido hechos a Su imagen.

Satanás no quiere que las personas conozcan, admiren y amen a Dios. Por eso, un día, mientras Eva se encontraba cerca del árbol prohibido, Satanás se le apareció en forma de serpiente[15], y quiso engañarla, diciendo:

—¡Conque Dios les ha prohibido comer de todos los árboles del jardín!

—De los árboles del jardín podemos comer —respondió Eva—, pero al árbol que está en medio del jardín no debemos ni aun tocarlo, pues si lo hacemos, moriremos.

—¡Eso no es cierto! —se atrevió a decirle Satanás—. Si deciden comer de ese árbol, en vez de morir, serán libres y felices, porque serán como Dios.[16]

Satanás siempre ha usado la mentira y el engaño para llevar a las personas a desobedecer a Dios y alejarlas de Él. Lo hizo en el jardín del Edén y lo sigue haciendo con nosotros hoy.[17]

Lo que sucedió fue muy triste, porque Eva decidió creerle a Satanás en

lugar de creerle a Dios.[18] No solo comió del fruto, ¡sino que convenció a Adán de que comiera también! Desde entonces, todas las cosas malas que Dios les había advertido que iban a suceder se cumplieron exactamente como Dios les había dicho. Adán y Eva perdieron la amistad que tenían con Dios, ya no lo amaban ni deseaban obedecerle, sus cuerpos comenzaron a debilitarse hasta morir y fueron expulsados del Edén.

Como todos los seres humanos descienden de Adán y Eva, todos hemos sufrido las consecuencias de esa rebeldía; nacemos apartados de Dios y deseamos hacer lo malo, porque somos pecadores. La Biblia llama «pecado» a cualquier pensamiento, palabra u obra que sea contraria a los mandamientos de Dios. Pecamos cuando hacemos lo que Dios prohíbe y cuando dejamos de hacer lo que Él nos manda. Y, como Dios es santo y justo, Él tiene que castigar el pecado.

Pero ese no fue el fin de la historia…

La gran promesa de Dios

Cuando Adán y Eva comieron del fruto prohibido, trataron de esconderse de Dios,[19] pero Él los buscó y les hizo una promesa: un ser humano como ellos nacería de una mujer para salvar al hombre de las terribles consecuencias de haberle desobedecido a Dios y haberse rebelado contra Él.[20] En ese momento, Adán y Eva no lo sabían, pero más tarde, Dios revelaría en Su Palabra que ese Salvador no era otro que Dios el Hijo, la segunda persona de la Trinidad, que iba a hacerse hombre para salvar al hombre. Esa es la gran historia de la Biblia: el cumplimiento de esa maravillosa promesa de salvación a través del héroe de esta historia: nuestro Señor y Salvador Jesucristo.

Sin embargo, ese plan iba a tener un costo muy alto, porque Dios es santo y justo y, por lo tanto, no puede perdonar nuestros pecados sin que alguien pague por ellos. Él no puede hacer nada malo ni dejar sin castigo al que hace lo malo. Además, el pecado ofende tanto a Dios que merecemos la muerte por todas las veces que desobedecemos Sus mandamientos.[21] Cuando Adán y Eva fueron expulsados del Edén, Dios colocó dos ángeles muy poderosos a la entrada del jardín y una espada encendida que giraba hacia todas partes, para que no pudieran acercarse al árbol de la vida.[22] De ese modo, Dios quería mostrarles que el regreso al paraíso era imposible para el hombre pecador. Alguien debía morir en nuestro lugar para que esas puertas pudieran abrirse otra vez, y que el hombre pudiera disfrutar de nuevo de la comunión con Dios.

Y Dios es tan bueno y misericordioso que estuvo dispuesto a pagar ese precio por amor a nosotros: la muerte de Su propio Hijo. Pero no nos adelantemos, porque todavía queda mucho para contar.

Una familia en problemas

Todos los hijos de Adán y Eva nacieron pecadores. Todavía se parecían a Dios en algunos aspectos, pero en otros, se habían vuelto muy diferentes a Él.[23] Ahora, eran orgullosos, egoístas, mentirosos, envidiosos y, sobre todas las cosas, ya no amaban a Dios ni deseaban obedecerle. Tan malos se volvieron que uno de los hijos de Adán y Eva, llamado Caín, mató por envidia a su propio hermano, Abel.[24] Y ese no fue el único caso. Toda la Tierra se llenó de violencia y de maldad, a tal punto que Dios decidió castigarlos por medio de un diluvio.

Pero, como Dios no olvida lo que promete, antes de enviar ese castigo, decidió salvar a la humanidad a través de un hombre llamado Noé.[25] «Haré que llueva tanto que la Tierra completa quedará bajo el agua —le dijo Dios—. Pero he decidido salvar al mundo por medio de ti. Construye un gran barco en el que

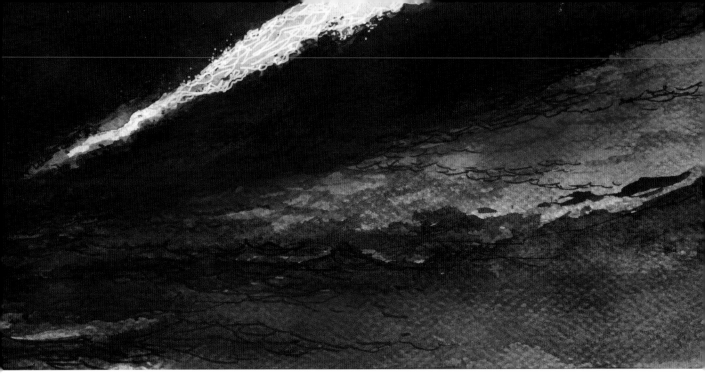

puedas entrar con tu esposa, tus hijos y sus esposas, y con una pareja de cada animal, para que la Tierra no sea destruida por completo».[26]

Y, aunque nunca antes había llovido, Noé le creyó a Dios.[27] Esperó 120 años antes de que cayera el primer aguacero, pero en ningún momento dudó de la Palabra de Dios. Cuando llegó el día señalado, el diluvio cayó sobre la Tierra. Llovió y llovió y llovió durante 40 días y 40 noches. Pero la familia de Noé y los animales estuvieron seguros en el barco hasta que dejó de llover.

Por haberle creído a Dios, Noé y su familia se salvaron del castigo. Entonces, Dios les prometió que nunca más volvería a castigar la Tierra de ese modo y les dio el arcoíris como un recordatorio de esa promesa. Cada vez que veas un arcoíris en el cielo, recuerda que Dios es fiel, y que guardará a la humanidad hasta que se cumplan todas Sus promesas.[28]

Una gran torre... para la gloria del hombre

La familia de Noé se fue extendiendo por toda la Tierra, y con ellos, creció una vez más la maldad y el pecado. Dios había dado la orden de que los hombres se fueran a vivir por toda la Tierra,[29] pero en vez de obedecer a Dios y confiar en Él, decidieron quedarse en el mismo lugar y construir una gran torre en un lugar llamado Babel. No construyeron esta torre para mostrar cuán sabio y bueno es nuestro Dios, que ha dado al hombre la capacidad de hacer cosas maravillosas. ¡La edificaron para mostrar su propia inteligencia y capacidad![30] Pero Dios sabe que los hombres solo estarán seguros y felices confiando en Él, así que decidió impedir que siguieran construyendo esa torre.

Hasta ese momento, todas las personas hablaban el mismo idioma; pero, entonces, Dios hizo que los hombres no se pudieran entender entre sí. ¡Cuando hablaban con los demás no podían entender absolutamente nada! Eso los forzó a agruparse según el idioma de cada uno y a esparcirse por toda la Tierra.[31]

Así fue como surgieron los idiomas y las naciones.

Sin embargo, los hombres no pueden impedir que Dios lleve a cabo Su plan de dar a conocer lo bueno y maravilloso que Él es. Así que, al final de la historia, veremos cómo personas de todas esas naciones le dan a Dios la alabanza y la adoración que solo Él se merece.[32] Nuestro Dios siempre gana y siempre cumple lo que promete.

Por eso, muchos años después del diluvio, Dios escogió a un hombre llamado Abram para hacer de él una nación de la que vendría el Salvador prometido, por medio del cual serían bendecidas todas las naciones de la Tierra.

El pueblo de la promesa

Abram y su esposa Sarai eran bastante viejos y no habían podido tener hijos. Pero un día, sucedió algo extraordinario... Dios se le apareció a Abram[33] y le dijo: «Vete del lugar donde vives adonde yo te mostraré, porque voy a hacer de ti una gran nación que habitará en esa tierra donde vas».[34]

¡Eso quería decir que Abram iba a tener un hijo, y nietos, y bisnietos, y tataranietos! Fue por eso que Dios cambió su nombre y lo llamó «Abraham», que significa «padre de mucha gente»,[35] y a Sarai, la llamó Sara, que significa «princesa».[36]

Sin embargo, ¡lo más maravilloso que Dios le prometió a Abraham es que uno de sus «tataranietos» sería el Salvador prometido en el jardín del Edén![37]

Por medio de ese Salvador, mucha, mucha gente recibiría la más grande de todas las bendiciones de Dios:[38] volver a ser amigos de Dios y vivir en un lugar mucho más hermoso que el jardín en el que estaban Adán y Eva al principio. «Yo seré tu Dios y el de toda tu descendencia después de ti»,[39] afirmó Dios. Y, para asegurarle a Abraham que eso sucedería sin lugar a dudas, juró por sí mismo que lo iba a hacer.[40]

Aunque parecía imposible que eso sucediera, Abraham le creyó a Dios; y por haberle creído, no solo recibió la bendición de tener el hijo prometido,[41] al que llamaron Isaac,[42] sino que Dios también le perdonó todos sus pecados.[43] A partir de ese momento, Abraham se convirtió en amigo de Dios.[44]

Isaac también tuvo un hijo llamado Jacob,[45] al cual Dios le puso por nombre Israel,[46] que significa «príncipe de Dios». Jacob a su vez tuvo doce hijos varones.

Me hubiera gustado decirte que los hijos de Jacob se llevaban bien, como deben llevarse los hermanos, pero no era así. Eran muchachos muy desobedientes, con excepción de uno de los más pequeños, llamado José. Jacob amaba a José y él amaba a su padre; pero sobre todas las cosas, José amaba a Dios y deseaba obedecerle. Sin embargo, sus hermanos le tenían envidia. Tan molestos estaban con él que decidieron venderlo a unos comerciantes que iban de camino a una nación muy grande que se llamaba Egipto.[47] Después, le mintieron a su padre diciéndole que José había muerto.[48]

Ya te puedes imaginar lo triste que estaba Jacob y, por supuesto, lo triste que estaba José. Ahora, estaba solo en una nación extraña y alejado de su familia. Pero, en realidad, no estaba solo. Dios estaba con José y, aunque pasó muchas dificultades, al final lo bendijo de tal manera que llegó a ser la persona más importante de Egipto después del faraón, el rey de los egipcios.[49]

Unos años más tarde, hubo mucha hambre en la Tierra, pero en Egipto, había comida en abundancia, porque Faraón decidió seguir los sabios consejos de José.[50] Así preservó Dios a los hijos de Jacob, que tuvieron que viajar a Egipto a buscar alimento.[51] ¡Imagínate la gran sorpresa que se llevaron

cuando supieron que José estaba vivo y que había llegado a ser una persona tan importante! Pero, en vez de tratarlos como merecían, José perdonó a sus hermanos todo el mal que le habían hecho, porque sabía que, por encima de la maldad de ellos, Dios estaba llevando a cabo Su plan de proteger al pueblo de Israel, del cual vendría el Salvador.[52]

Entonces, José pidió a sus hermanos que trajeran a su padre para que vivieran todos juntos en Egipto.[53] Allí, la familia de Jacob creció y creció y creció, hasta llegar a ser una gran multitud. Dios estaba cumpliendo la promesa que le había hecho a Abraham de que su descendencia sería más numerosa que las estrellas del cielo y la arena del mar.[54]

Pero ese crecimiento trajo un problema…

Los israelitas son esclavizados en Egipto

Mientras vivió el faraón que era amigo de José, su familia la pasó muy bien en Egipto. Pero, con el tiempo, se levantó otro faraón que no conocía a José y que tuvo miedo al ver que la familia de Jacob se hacía tan grande. Entonces, decidió tratarlos muy mal y hacer todo lo posible para que no siguieran teniendo tantos hijos.[55] ¡Hasta ordenó que mataran a los niños varones que nacieran de las madres israelitas! Pero, como Dios siempre gana y siempre cumple Su promesa, a pesar de todo lo que hacía el faraón, el pueblo de Israel se hacía más grande cada día.[56]

Durante ese tiempo, una madre israelita tuvo un bebé y lo escondió por un tiempo para que no lo mataran. Cuando ya era imposible esconderlo,

lo colocó en una canasta que puso a flotar en el río, confiando en que Dios cuidaría de él.[57] Y Dios no solo lo protegió, sino que hizo que la misma hija de faraón lo encontrara en el río y lo adoptara como su propio hijo. Le pusieron por nombre Moisés, que significa «sacado de las aguas».[58] Dios también movió las cosas de tal manera que la princesa contrató a la madre del niño para que lo cuidara durante sus primeros años.[59] Podemos suponer que, en ese tiempo, la madre de Moisés le contó sobre Dios y las promesas que había hecho.

Ya en el palacio de faraón, Moisés se crió como un príncipe. Tenía lo que a muchas personas les gustaría tener: riqueza, fama y comodidades.[60] Tal vez, habría podido llegar a convertirse en el próximo faraón. Pero, cuando Moisés

se hizo grande, decidió ponerse de parte de los israelitas, porque creyó que Dios habría de cumplir todo lo que había prometido. Un día, Moisés vio que un egipcio estaba maltratando a un israelita, así que decidió defenderlo y mató al egipcio.[61] Eso molestó tanto al faraón que Moisés tuvo que salir huyendo de Egipto hacia un lugar que se llamaba Madián.[62] En ese momento, Moisés tenía 40 años de edad.

Durante otros 40 años, continuó viviendo entre los madianitas, donde conoció a su esposa y tuvo un hijo.[63] Todo parecía indicar que Moisés no iba a regresar a Egipto nunca más.

Pero Dios tenía otros planes…

Una gran liberación

Un día, Moisés estaba pastoreando las ovejas de su suegro cuando vio algo muy extraño: un pequeño árbol encendido en llamas, pero que no se quemaba.[64] Cuando Moisés se acercó a ver, Dios le habló desde el árbol, y le dijo: «Quítate los zapatos, porque estás pisando tierra santa. Voy a enviarte de nuevo a Egipto para liberar a mi pueblo».[65] No es cualquier cosa estar en la presencia de Dios, porque Él es infinitamente santo y justo, y nosotros somos pecadores. Moisés debía aprender a respetar a Dios como Él merece.

De más está decir que Moisés no quería regresar a Egipto después de tantos años, pero pronto se dio cuenta de que no podía decirle que no a Dios.[66] Entonces, regresó a Egipto como Dios le había ordenado. Moisés tenía un hermano llamado Aarón, a quien le contó lo que Dios le había mandado a hacer.[67] Así que ambos se presentaron delante del faraón y le dijeron: «Tienes que liberar al pueblo de Dios».[68]

Como era de suponer, el faraón se molestó muchísimo y no quiso dejar a los israelitas en libertad.[69] Pero Dios le mostró al faraón que Él es más grande y más poderoso que todos sus dioses, y envió diez plagas terribles sobre Egipto para castigarlo.[70] La última de las plagas fue la más terrible de todas: la muerte de los primogénitos; es decir, del hijo mayor de cada casa.[71]

Sin embargo, como Dios es bueno, le dio a Su pueblo una manera de librarse del castigo. Dios les ordenó que mataran un cordero para comérselo y que pusieran parte de su sangre en el marco de la puerta.[72] Todos los que obedecieron a Dios y pintaron el dintel de las puertas de sus casas con la sangre del cordero, libraron a sus hijos de la muerte. Este castigo fue muy duro para los egipcios, y el faraón no tuvo más remedio que dejar en libertad al pueblo de Israel.

A partir de ese momento, los israelitas empezaron a celebrar cada año una fiesta llamada «Pascua». Así, recordaban la forma milagrosa en que Dios los había librado de la esclavitud en Egipto y cómo había salvado a sus hijos de la muerte por medio de la sangre del cordero.[73] Esa misma noche, salieron a toda prisa de la tierra de Egipto hacia Canaán, la tierra que Dios había prometido darle a Abraham muchos años antes.[74]

Así comenzó el éxodo; es decir, el viaje de los israelitas a través de un gran desierto para llegar a la tierra prometida. Durante el día, el Señor los guiaba por medio de una columna de nube, y durante la noche, por una columna de fuego.[75]

Pero pronto, se encontraron con un gran problema: el camino que Dios había escogido para llevarlos a Canaán atravesaba el Mar Rojo. ¿Te imaginas a toda esa gente, cientos de miles, teniendo que atravesar el mar con sus niños y todas sus pertenencias? No podían cruzar nadando, ni construir un puente, ni subirse a un barco. ¡Era imposible llegar al otro lado!

Para colmo de males, después de haberlos dejado en libertad, el faraón cambió de opinión y decidió perseguirlos con su ejército para llevarlos a Egipto y esclavizarlos de nuevo.[76] De pronto, el pueblo de Israel se encontró atrapado entre el Mar Rojo y el ejército del faraón.

Sin embargo, Dios siempre gana y siempre cumple lo que promete. Así que colocó la columna de nube y de fuego entre el ejército del faraón y el pueblo de Israel para impedir que se acercaran.[77] Después, ¡hizo que el mar se dividiera en dos para que los israelitas pasaran al otro lado, como si estuvieran caminando por una gran calle![78] Cuando el ejército del faraón trató de hacer lo mismo, las aguas volvieron a juntarse y todos los que estaban persiguiendo al pueblo de Dios se ahogaron.[79]

Lo más triste de todo es que, a pesar de todo lo que Dios hizo por ellos, los israelitas continuaron siendo muy desobedientes e incrédulos. Dios tuvo que soportar sus continuas quejas y pecados.[80] ¡Hasta se atrevieron a construir un becerro de oro para adorarlo como si fuera su dios![81] Pero aun así, Dios los alimentó con una especie de pan que bajaba del cielo llamado maná,[82] sus ropas no se gastaron[83] y nunca les faltó agua para beber, aunque estaban en un desierto.[84]

El pueblo de Dios bajo el gobierno de Dios

Durante ese tiempo, mientras estaban al pie de una montaña llamada Sinaí, Dios le dio al pueblo diez mandamientos escritos por Él mismo en dos tablas de piedra, para enseñarles cómo debían amarlo a Él y amar a los demás.[85] Si todos los hombres y mujeres obedecieran esos mandamientos, el mundo sería un lugar más seguro y placentero; pero como nacemos pecadores, nadie puede obedecerlos a la perfección, y muchos ni siquiera los toman en cuenta.[86] Es por eso que necesitamos un Salvador que nos libre de la esclavitud del pecado, así como Dios liberó a los israelitas de la esclavitud del faraón.

Dios le dio otras leyes al pueblo de Israel para que supieran cómo debían comportarse en la tierra que Él les había regalado, y cuál era la manera apropiada de adorarlo.

También les ordenó construir una especie de tienda, llamada «tabernáculo». Esa tienda era el único lugar de la Tierra donde los hombres podían encontrarse con Dios, porque era allí donde los sacerdotes de Israel realizaban los sacrificios de animales que Dios había ordenado para perdonar los pecados del pueblo. Estos animales sacrificados recordaban al pueblo que el pecado merece la muerte, y también anunciaban al Salvador que Dios iba a enviar algún día a morir por el pueblo como uno de esos corderos. Aunque esos sacrificios no podían quitar sus pecados, ellos mostraban su fe en el Salvador prometido cuando hacían los sacrificios que Dios requería.[87]

¡Por fin en la tierra prometida!

El viaje a la tierra prometida no debía durar mucho tiempo, pero una vez más, el pueblo de Israel pecó contra Dios al no creer en Sus promesas. ¡Aun se atrevieron a acusar a Dios de haberlos sacado de Egipto para matarlos en el desierto! Por eso, Dios los castigó llevándolos a la tierra prometida por un camino mucho más largo.[88]

Después de caminar por el desierto durante 40 años, llegaron a Canaán, la tierra que Dios le había prometido a Abraham. Para entonces, Moisés había muerto y el que dirigía al pueblo era otro hombre fiel a Dios, llamado Josué. Bajo su mando, el pueblo de Israel conquistó a todas las naciones que vivían en Canaán y que eran muy desobedientes a Dios. Las familias de los doce hijos de

Jacob habían crecido tanto que se habían convertido en tribus, y a cada una de ellas les tocó una parte de la tierra.

Cualquiera pensaría que, después de todo lo que Dios había hecho a favor de ellos y los grandes milagros que habían visto, los israelitas comenzarían a ser obedientes a Dios. Pero, después de la muerte de Josué, comenzaron a adorar a otros dioses,[89] y el Señor tuvo que castigarlos enviándoles naciones que los esclavizaran otra vez como cuando estaban en Egipto.[90] Cuando estaban en problemas, los israelitas se arrepentían y le pedían a Dios que los perdonara y los salvara. Y, como Dios es tan bueno y misericordioso, les enviaba personas que los libertaran, a los cuales llamaban «jueces». Pero, con el tiempo, volvían a pecar y la historia se repetía.

Así pasaron años y años, hasta que, durante el tiempo de Samuel, el último juez, los israelitas pidieron un rey como el que tenían las demás naciones.[91] ¡Qué triste cuando las personas que dicen conocer a Dios quieren comportarse como aquellos que no lo conocen!

Y Dios les dio lo que pidieron…

Los reyes de Israel

El primer rey se llamó Saúl, pero fue tan desobediente que Dios decidió quitarle el trono.[92] Entonces, Dios levantó a otro rey llamado David,[93] y lo escogió para enviar al Salvador prometido por medio de su familia.[94] Tal como había hecho con Abraham, Dios le prometió a David que uno de sus hijos sería rey en Israel para siempre.[95] Supongo que ya sabes que ese rey prometido no es otro que el Señor Jesucristo, pero todavía faltaba mucho tiempo para que se cumpliera esa promesa.

Después de David, reinó su hijo Salomón, el cual construyó un gran templo para adorar a Dios.

Al principio, Salomón confió en Dios tal como su padre David había hecho, pero al final de su vida, fue muy desobediente y comenzó a poner su confianza en otros dioses.[96] Después de la muerte de Salomón, y debido a su pecado, la nación de Israel se dividió en dos reinos: el reino del sur y el reino del norte.[97]

En el reino del sur, todos los reyes pertenecían a la familia de David; muchos de ellos confiaban en Dios, pero otros fueron incrédulos y desobedientes. En el reino del norte, los reyes no pertenecían a la familia de David y todos fueron muy malos… tan malos que Dios los castigó enviándoles una nación llamada Asiria que los conquistó y llevó a casi todos sus habitantes lejos de la tierra de Israel.[98]

El reino del sur siguió existiendo un tiempo más, pero por causa de su desobediencia, terminó sufriendo el mismo castigo que el reino del norte, y sus habitantes fueron llevados a una tierra llamada Babilonia durante 70 años.[99] ¿Recuerdas al profeta Daniel, el que Dios salvó del foso de los leones? Él vivió durante ese tiempo en Babilonia.

Pero como Dios siempre cumple Su promesa, al final de esos 70 años, Él hizo que muchos de los israelitas que vivían en el reino del sur regresaran a su tierra.[100] Ya no tenían rey como antes, pero pudieron reconstruir el templo que los babilonios habían destruido y volvieron a adorar a Dios como Él había mandado.

Con el paso del tiempo, Dios dejó de enviar profetas al pueblo de Israel. Los profetas eran mensajeros que hablaban a la nación de parte de Dios. Llamaban a los hombres a arrepentirse de sus pecados y les recordaban las grandes promesas de Dios. El último de esos profetas se llamaba Malaquías, y con él termina la parte de la Biblia que conocemos como el Antiguo Testamento.

Durante 400 años, los israelitas no volvieron a recibir ningún mensaje nuevo de parte de Dios; ninguna advertencia, ninguna promesa. Se quedaron sin el privilegio de poder escuchar la Palabra de Dios. En ese tiempo, a Israel la gobernaba una nación muy poderosa llamada Roma.

Cualquiera diría que Dios se había olvidado de Su pueblo, pero Dios nunca olvida lo que promete, porque es fiel a Su Palabra.

¡La llegada del Salvador prometido!

En Israel, vivía María, una jovencita que estaba comprometida para casarse con un hombre llamado José. Los dos amaban a Dios y pertenecían a la familia de David, la familia que Dios había escogido para el nacimiento del Salvador prometido.[101]

Un día, a María se le apareció un ángel del Señor y le dijo que iba a tener un hijo muy especial que llegaría a ser un gran Rey, como había sido David. Y lo que es más sorprendente: ¡ese niño sería formado en su vientre por el poder del Espíritu Santo![102]

María aceptó con fe la voluntad del Señor y quedó embarazada. Cuando estaba a punto de dar a luz, el emperador que gobernaba Roma en aquellos días, ordenó a todos los habitantes del imperio que regresaran cada uno a la ciudad donde habían nacido para ser contados.[103] Así que José y María tuvieron que viajar a la pequeña aldea de Belén desde la ciudad de Nazaret. Pero había tanta gente en la ciudad que el único lugar que consiguieron para pasar la noche fue un establo.[104]

En ese comedero de animales nació Jesús.[105]

¡Eso es sorprendente! ¡Que el Dios que hizo el universo haya decidido nacer como hombre en un lugar como ese! La mayoría de los padres, por pobres que sean, desean que sus hijos nazcan en la mejor condición posible, atendidos por doctores y enfermeras. Pero el Hijo de Dios no tuvo ese privilegio. Siendo el más rico de todos, se hizo pobre para compartir con nosotros las riquezas de la salvación.[106]

Esa misma noche, no lejos de allí, había un grupo de pastores cuidando sus

rebaños en el campo. Y de repente, se les apareció un ángel del Señor rodeado de una gran luz. Como puedes imaginarte, los pastores se llenaron de temor. Pero el ángel les dijo que no debían temer porque traía un mensaje de parte de Dios que los llenaría de gozo: «Hoy les ha nacido en la ciudad de David un Salvador, que es Cristo el Señor».[107]

Cientos de años antes, Dios había anunciado por medio de uno de Sus profetas, llamado Miqueas, que el Salvador nacería en Belén, la ciudad donde había nacido David.[108] Así que Jesús no nació en Belén por la voluntad del emperador de Roma, sino por la voluntad de Dios.

¿Quién habría podido imaginar que ese pequeño e indefenso niño en los brazos de María era el Hijo de Dios que se había hecho hombre para salvar al hombre? Por eso llamaron Su nombre «Jesús», que significa «salvación»;[109] pero también fue llamado «Emanuel», que significa «Dios con nosotros».[110] Dios había venido a la Tierra para recobrar como Hombre lo que Adán perdió en el jardín del Edén.

¿Te gustaría saber qué hacía Jesús cuando era niño, cuáles juegos le gustaba jugar, o cómo se llevaba con sus hermanos? A mí también, pero Dios no quiso darnos muchos detalles sobre esa etapa de Su vida. Sabemos que se crió en la ciudad de Nazaret y que era un niño muy sabio y obediente a sus padres.[111] También sabemos que, a medida que fue creciendo, aprendió el oficio de carpintero en el taller de José.[112]

El Cordero de Dios que quita el pecado del mundo

Cuando cumplió 30 años de edad,[113] Jesús cerró el taller de carpintería en el que había trabajado hasta entonces y fue bautizado por Juan el Bautista.[114] En los próximos tres años, Jesús predicó la Palabra de Dios, hizo milagros y enseñó a doce hombres que Él escogió y a los cuales llamó «apóstoles».[115] Esa palabra significa «enviados», porque más adelante, estos hombres serían enviados a predicar y enseñar la Palabra, tal como hacía Jesús. Era como si Jesús hubiera tenido una escuela sin un salón de clases. Donde Él iba, Sus alumnos, los apóstoles, iban con Él. Con Su enseñanza y con Su ejemplo, los preparó para la obra que ellos harían más tarde, cuando Él ya no estuviera físicamente aquí.

¡Qué maravilloso debió haber sido escuchar al Señor Jesús predicar la Palabra de Dios y verlo hacer los milagros que hizo! Durante los tres años y medio que duró Su ministerio, Jesús hizo cosas extraordinarias: sanó a muchos enfermos,[116] calmó el mar en tempestad,[117] caminó sobre las aguas,[118] en dos ocasiones les dio de comer a muchísimas personas con unos cuantos panes y unos peces,[119] ¡y hasta resucitó personas que habían muerto![120]

Cualquiera pensaría que todos en Israel estarían muy agradecidos y maravillados con Jesús por las cosas buenas y extraordinarias que hacía, pero no fue así. Aunque algunos creyeron en Él, muchos también se molestaron porque Jesús les decía que ninguno era lo suficientemente bueno como para que Dios le permitiera ir al cielo. Tal como hoy hacen los predicadores fieles, Cristo llamaba a las personas a que se arrepintieran de sus pecados y creyeran en Él.

Pero, en vez de arrepentirse y creer, estas personas, que se creían tan buenas, hicieron algo muy malo: decidieron matar a Jesús. Uno de Sus discípulos, llamado Judas, que en realidad no lo amaba ni creía en Él, habló con algunos de esos hombres malos que se creían buenos, para ayudarlos a atraparlo.[121] Guiados por Judas, encontraron a Jesús en un lugar llamado Getsemaní y lo tomaron preso.[122] Esa noche, lo acusaron de muchas cosas malas que Él no había hecho y lo condenaron a morir.[123]

Todo eso ocurrió durante la Pascua, aquella fiesta que los judíos comenzaron a celebrar cuando Dios los rescató de la esclavitud en Egipto. En la primera Pascua, en tiempos de Moisés, un cordero fue sacrificado; pero en esta otra Pascua, el Cordero sacrificado no era otro que el Hijo de Dios, nuestro Señor Jesucristo, el Cordero de Dios que quita los pecados del mundo.[124]

Es como si nuestro gran Dios y Salvador Jesucristo hubiera pasado en medio de aquellos dos ángeles poderosos que Dios colocó en la entrada del jardín del Edén, y hubiera sido traspasado por la espada que guardaba el camino al árbol de la vida. Él tuvo que morir para que las puertas del paraíso pudieran abrirse de nuevo para nosotros.

Dios estaba cumpliendo así la promesa dada a Abraham de que en él serían benditas todas las familias de la Tierra. Jesús tuvo que ser castigado para que nosotros pudiéramos ser bendecidos. ¡Cuán grande y maravilloso es el amor de Dios! Todos somos pecadores y debemos ser castigados por nuestros pecados porque Dios es justo; pero nuestro amado Salvador decidió sufrir ese castigo para que todos los que confíen en Él sean perdonados y aceptados por Dios como hijos suyos.[125]

Sin embargo, esa no es toda la historia. Al tercer día de estar en la tumba, Jesús volvió a la vida para no morir nunca más.[126] Él es tan poderoso que, al morir en debilidad venció a la muerte, a Satanás y al pecado. ¡Imagínate la

sorpresa y alegría de Sus discípulos al ver que Jesús estaba vivo! Todos ellos se habían llenado de miedo unos días antes, cuando Jesús fue apresado y condenado,[127] pero ahora estaban deseosos de obedecer el mandato de Jesús de salir a predicar por todo el mundo la buena noticia de lo que Dios había hecho a través de Su Hijo para salvar pecadores.[128]

La Iglesia, el nuevo pueblo de Dios

Después de haber vuelto a la vida, Jesús subió al cielo a sentarse en Su trono como Rey de reyes y Señor de señores. Pero no dejó solos a Sus discípulos, sino que les envió al Espíritu Santo, la tercera persona de la Trinidad, para vivir dentro de ellos. Eso sucedió mientras los judíos celebraban otra de sus fiestas religiosas llamada «Pentecostés».[129] Así nació la Iglesia, compuesta por personas que se han arrepentido de sus pecados y han creído en Jesús, y que deciden unirse a otros creyentes para seguir juntos a Jesús y aprender Sus enseñanzas.

Esos creyentes se reúnen para adorar a Dios en el Día del Señor, el domingo, para celebrar el día que Jesús resucitó. Aunque no podemos verlo, Él viene a bendecir a Su pueblo cuando se reúnen como iglesia, como antes lo hacía en el tabernáculo y en el templo.[130] A través de la Iglesia, Dios le da a conocer al mundo la buena noticia de lo que Él hizo a través de Su Hijo, el Señor Jesucristo, para que las personas puedan recibir el perdón de todos sus pecados y llegar a ser amigas de Él.[131]

Al principio, todos los cristianos estaban juntos en la ciudad de Jerusalén, pero poco a poco, comenzaron a llevar la buena noticia del evangelio a muchos otros lugares, tal como el Señor Jesucristo les había mandado.

Poco tiempo después, Dios usó a algunos de los apóstoles para escribir la historia de Jesús, para explicar lo que Él había hecho para salvarnos y para enseñar a los cristianos cómo debemos vivir mientras estemos en este mundo. A esa parte de la Biblia se le llama el Nuevo Testamento.

¿Te das cuenta del tesoro tan grande que tenemos en la Biblia, la

Palabra de Dios? En ese libro, Dios nos enseña, en una forma perfecta y sin equivocarse, todo lo que necesitamos saber sobre Su persona, Sus obras, Sus advertencias y Sus promesas. Y, sobre todas las cosas, por medio de ese libro, Su bendita Palabra, llegamos a conocer a nuestro Señor y Salvador Jesucristo, para que podamos poner nuestra confianza únicamente en Él para el perdón de nuestros pecados y llegar a ser amigos de Dios.

Aunque la Biblia contiene muchas historias, todas juntas forman una gran historia sobre Jesús.[132] Él es el Hijo que Dios le prometió a Adán y a Eva en el jardín del Edén, la descendencia de Abraham en la que han sido benditas todas las familias de la Tierra, el gran Rey que se ha sentado en el trono de David, el Salvador que anunciaron los profetas.

Por eso, a través de la historia, Dios fue dejando pistas que anunciaban de antemano Su venida: el arca que construyó Noé, el tabernáculo y el templo con sus sacrificios y ceremonias, los jueces que Dios levantó en Israel para librarlos de la opresión de otras naciones, los sacerdotes, los reyes y los profetas; todos ellos señalaban de diferentes maneras a Jesús, el Salvador del mundo.

Pero esta historia no ha concluido todavía…

El último capítulo que nunca termina...

Así como Jesús se fue al cielo, también prometió que volvería a la Tierra a buscar a todos los que creyeran en Él. Ese glorioso día de Su venida, todas las cosas malas que ocurrieron en el mundo por causa del pecado desaparecerán por completo, porque Dios hará un nuevo cielo y una nueva Tierra,[133] y nuestros cuerpos serán como el del Señor Jesucristo cuando resucitó.[134] Eso quiere decir que nunca más volveremos a pecar, nunca más volveremos a enfermarnos y morir, nunca más tendremos ninguna razón para llorar.[135] Allí solo habrá gozo sin tristeza, porque estaremos con Jesús para siempre jamás.[136]

Dios tiene muchas sorpresas reservadas para Sus hijos cuando estemos con Él en la nueva Tierra. Allí nos esperan muchas aventuras maravillosas que disfrutaremos por los siglos de los siglos. Pero lo más grandioso de todo es que veremos la hermosura de Jesús y disfrutaremos de estar en Su compañía.[137]

¿Verdad que esta es la más extraordinaria historia jamás contada? Es la historia de un Dios justo, amoroso y fiel que envió a Su Hijo, nuestro Señor Jesucristo, a sufrir el castigo que todos merecemos por nuestros pecados. Ese Dios, tan bueno y misericordioso, promete perdonar todas tus desobediencias y darte el regalo de la vida eterna, si te arrepientes de tus pecados y confías en la obra que hizo Jesús para salvar a los pecadores, muriendo en su lugar en la cruz del Calvario.

Arrepentirse es comenzar a ver el pecado como Dios lo ve, como algo realmente malo que debemos odiar y abandonar. Creer es confiar en que Dios hará lo que Él ha prometido. Si estás al borde de una piscina muy honda y, dentro del agua, tu papá te pide con los brazos abiertos que te lances hacia él, seguramente te lanzarás en sus brazos, porque sabes que él te ama y hará todo lo posible para protegerte. Pues el Señor Jesucristo es más fuerte, más amoroso y más confiable que el mejor papá del mundo; y en Su Palabra, dice que debes confiar únicamente en Él para que puedas salvarte.

Aunque es importante y bueno que seas obediente, no podrás ganarte el cielo por tu obediencia, porque nadie puede obedecer a Dios perfectamente.[138] El único que siempre obedeció a Dios en todo fue Jesús.[139] Recuerda que Su muerte en la cruz no fue por ningún pecado que Él haya cometido, sino por los nuestros.[140] Si tú confías en Él, Dios te tratará a ti como trata a Su Hijo que le obedeció perfectamente[141] y, al mismo tiempo, te dará un nuevo corazón para que quieras obedecerle.[142]

Es por eso que la Biblia dice que la salvación es por gracia. Eso quiere decir que, en vez de darnos el castigo que merecemos por nuestros pecados, Dios nos da la salvación que no merecemos, si ponemos toda nuestra confianza en Jesús.

Es mi oración al Señor que Él obre en ti para que te arrepientas, creas en Jesús y lo ames y admires cada día más; pues no hay nada más maravilloso que tener por amigo al héroe de esta historia… un héroe que siempre gana y que siempre cumple lo que promete: nuestro gran Dios y Salvador Jesucristo.

Referencias bíblicas

1 Isa. 43:7; Rom. 11:36; Apoc. 4:11.

2 Gén. 1:1; Juan 1:1-3; 17:24.

3 Mat. 28:19-20.

4 Jer. 9:23.

5 Gén. 1:3,6,9,11,14, 20,24,26; Sal. 33:6; Heb. 11:3.

6 Gén. 1:3.

7 Col. 1:16; Isa. 6:1-3.

8 Gén. 1:27.

9 Gén. 2:21-23.

10 Gén. 1:26-28; 2:8-14.

11 Gén. 2:15.

12 Gén. 3:8.

13 Gén. 2:16-17.

14 1 Tim. 3:6.

15 Gén. 3:1-5.

16 Gén. 3:1-4.

17 Juan 8:44; 2 Cor. 11:3; 1 Tim. 2:14; Apoc. 12:9.

18 Gén. 3:6.

19 Gén. 3:8.

20 Gén. 3:9,15.

21 Gén. 2:16-17; Rom. 6:23.

22 Gén. 3:24.

23 Gén. 5:1-2.

24 Gén. 4:8.

25 Gén. 6:8.

26 Gén. 6:13-14.

27 Gén. 6:22.

28 Gén. 9:11-17.

29 Gén. 1:28.

30 Gén. 11:1-4.

31 Gén. 11:5-9.

32 Apoc. 5:9.

33 Hech. 7:2.

34 Gén. 12:1-3.

35 Gén. 17:5.

36 Gén. 17:15.

37 Gén. 12:3; Gál. 3:8.

38 Gén. 15:5.

39 Gén. 17:7.

40 Gén. 15:18;

Heb. 6:13-20.

41 Gén. 21:1-3.

42 Gén. 17:19; 21:3.

43 Rom. 4:1-3.

44 Isa. 41:8.

45 Gén. 25:29.

46 Gén. 32:28.

47 Hech. 7:9.

48 Gén. 37:31-35.

49 Hech. 7:10.

50 Gén. 41:34-36.

51 Gén. 42:1-3.

52 Gén. 45:8; 50:20.

53 Gén. 45:9-11.

54 Ex. 1:7.

55 Ex. 1:8-22.

56 Ex. 1:12.

57 Ex. 2:3.

58 Ex. 2:5-6.

59 Ex. 2:7-10.

60 Heb. 11:24-25.

61 Ex. 2:12.

62 Ex. 2:15.

63 Ex. 2:21-22.

64 Ex. 3:1-2.

65 Ex. 3:5.

66 Ex. 4:20.

67 Ex. 4:14-16.

68 Ex. 5:1.

69 Ex. 5:2-9.

70 Ex. 7:14–11:10.

71 Ex. 12:29.

72 Ex. 12:12-13.

73 Ex. 12:1-11.

74 Ex. 12:30-36.

75 Ex. 13:17-22.

76 Ex. 14:5-9.

77 Ex. 14:19-20.

78 Ex. 14:21-22.

79 Ex. 14:23-29.

80 Ex. 15:24.

81 Ex. 32.

82 Ex. 16.

83 Deut. 8:4.

84 Ex. 7:1-7.

85 Ex. 19:1–20:17.

86 Rom. 8:5-8.

87 Heb. 11.